봄날에는 만나야지

**미선** 시인은 2022년 ≪리토피아≫로 등단했다. 전남대학교 여수평생교육원 문예창작과정을 수료했으며, 리토피아문학회, 순천여성문학회 회원으로 활동하고 있다.

e메일 : k93140325@hanmail.net




리토피아포에지 · 142
**봄날에는 만나야지**

인쇄 2023. 3. 25 발행 2023. 3. 30
지은이 미선 펴낸이 정기옥
펴낸곳 리토피아
출판등록 2006. 6. 15. 제2006-12호
주소 21315 인천시 부평구 평천로255번길 13, 903호
전화 032-883-5356 전송032-891-5356
홈페이지 www.litopia21.com 전자우편 litopia@hanmail.net

ISBN-978-89-6412-178-8 03810

값 14,000원


* 이 책의 저작권은 지은이와 리토피아에 있습니다.
* 잘못 만들어진 책은 바꿔드립니다.

미선 시집

봄날에는 만나야지

시인의 말

새벽 네 시,
달의 가슴이 오목하다.
깃들기 좋은 시간이다.
수없이 잘려나가 둥글어진 무릎을 감싸고 앉는다.
이제 그 앞에 꽃 한 송이 내려놓는다.

2023년 1월
미선

# 차례

## 제1부

| | |
|---|---|
| 자화상 | 15 |
| 여기 꽃, 있다 | 16 |
| 노을로 피는 여자 | 17 |
| 10월 장미 | 18 |
| 다짐·51 | 19 |
| 소풍 | 20 |
| 이런 욕심 | 21 |
| 달팽이의 길 | 22 |
| 참다래 | 23 |
| 화분 | 24 |
| 6월 산책 | 25 |
| 오동도에서, 봄 | 26 |
| 장미는 마음을 어디에 두고 왔을까 | 27 |
| 향기 없는 장미 | 28 |
| 잘린 기억이 향기를 지운다 | 29 |
| 그해, 여름 | 30 |
| 가을이 꼿꼿하게 온다 | 31 |
| 이 가을에는 | 32 |
| 가을, 물들다 | 33 |
| 볼펜이 달린다 | 34 |

제2부

　소리로, 봄　　　　　　　　　　37
　봄날에는 만나야지　　　　　　38
　봄날　　　　　　　　　　　　39
　시詩가 흐르는 자리　　　　　　40
　오늘 잘한 일　　　　　　　　41
　꽃으로 서다　　　　　　　　　42
　잠깐이었다　　　　　　　　　43
　현악 4중주-듣는다　　　　　　44
　삶은 부드럽게　　　　　　　　45
　차 훈증 체험　　　　　　　　46
　뭉게구름　　　　　　　　　　47
　비는 내리려는데　　　　　　　48
　햇살은 비스듬하고　　　　　　49
　마지막 잎새　　　　　　　　　50
　나무, 가을 이후　　　　　　　51
　새벽 기도　　　　　　　　　　52
　아버지의 시詩　　　　　　　　53
　당신의 잠　　　　　　　　　　54
　서랍으로 드는 해年　　　　　　56
　낙엽, 되다　　　　　　　　　58

## 제3부

| | |
|---|---:|
| 패턴을 잃다 | 61 |
| 꾸르 씨의 하루 | 62 |
| 이국異國에서 | 63 |
| 오징어게임 | 64 |
| 초간편 이별 | 65 |
| 층간 소음 | 66 |
| 증명사진 | 67 |
| 서비스 유감 | 68 |
| 둘레길을 돌다 | 70 |
| 초록은 회색빛으로 온다 | 71 |
| 그네 | 72 |
| 얇은 것들을 위한 변명 | 74 |
| 반딧불이 축제 | 75 |
| 새에게도 절벽이 있어 | 76 |
| 지팡이 | 77 |
| 교차로 풍경 | 78 |
| 이번 역은 | 79 |
| 한눈판 사이 – 일출 | 80 |
| 가을이 다녀간 자리 | 81 |
| 12월 31일 | 82 |

제4부

벚꽃 연서 85
장미와 벌 86
낯선 독서 87
새벽비 88
상사화 89
섬 90
그리움 91
그 봄, 나는 목련을 보내지 못했네 92
너의 바람이 불어 93
빗소리는 더디게 온다 94
낙엽 95
별빛 96
너는 별로 뜨거라 97
차가운 밤에도 별이 있어 98
무스카리 100
동백·1 101
동백·2 102
안 맞다 103
꽃잎 지는 밤에는 104
그런데, 당신이 시詩야 105

해설 | **신병**은 경계를 지운 통섭統攝의 공감화법 107
　　　 —미선의 시세계

| 제1부 |

## 자화상

한 겹만 벗겨서는 모른다.

반백년도 더 덧씌운 것들이다.

# 여기 꽃, 있다

눈에 안 띌까
팔 벌려 흔든다.

그늘진 낙엽 더미 속
소리 없는 탄생

쭈그리고 앉아 바람을 읽는다.
가진 거 없어 멀미 나게 흔든다.

별은 그대 발아래 있다고
작아서 더 서럽게 흔든다.

# 노을로 피는 여자

언젠가 내게 조팝꽃을 닮았다고 했을 때,
노을 속으로 걸어간 여자 있었지.

불덩이 같은 활의 울음에
한 번도 데인 적 없는 얼굴로 속을 비워내며,

바람마다 살랑거리는 마음 말라가도
꽃잎처럼 낯빛을 지킨 여자 있었지.

세상이 온통 빨갛게 속살을 드러내고
잎들조차 농염하게 짙어가도

살아본 적 없는 불꽃 알갱이
또르르 눈물로 내리는 해거름이면
노을 꽃잎으로 피어나는 여자 있었지.

# 10월 장미

나의 늦음은
오랜 눈물의 지층이다.

너의 찬란을 흠모하며
조바심으로 뒤척이던 낮밤이다.

무성한 바람으로
숭숭 비어가는 일이다.

널 향한 그리움으로
추억을 채워가는 일이다.

잘려 나간 가지 끝에 홀로 매달린
나의 사랑이다.

# 다짐 · 51

빛나는 햇살은 하늘에만 있는 게 아니야.
문장 하나, 두 눈에 반짝 닿는다.

"좋아할지 말지는 네가 정하는 거야."

마디 굵은 손가락을 집어넣어
―나를 싫어하면 어쩌지?
조마조마 묶고 있던 매듭을 풀어준다.

―나를 어떻게 생각할까?
스멀스멀 피어나는 먼지를 털어낸다.

내가 좋아하는 건 내가 정하기로 한다.

# 소풍

아기별의 수정 구슬 연잎 위로 데구르르,
거미 한 마리 슬그머니 긴 다리 거두자
강물 소리 밀려온다.
불시착한 수만 년의 신호에 온밤이 흔들렸다.

비구름이 쉬어간 자리 반짝 빛이 든다.
진창 위에 뿌리를 둔 연분홍
아이들 웃음소리에 화들짝 깨어난다.
앞산에 안기는 새소리 푸른 안부를 전한다.

프사만으로도 휘둘리는 마음
너처럼 맑아질 수 있을까,
연잎 위 우주 하나 고요히 출렁인다.

# 이런 욕심

맨발로 바다에 서서 가만히 눈 감으면,
모래알이 간질간질
밀려왔다 밀려가는 물결에 지워지는 내가 있다.
정수기를 지난 물처럼 맑아지는 내가 있다.

두 손 들고 숲에 서서 가만히 눈 감으면
나뭇잎이 사르르르,
손끝을 스치는 바람에 사라지는 숨이 있다.
청정기를 지난 바람처럼 가벼워지는 내가 있다.

지워진 것이
사라진 것이 무언지도 모르고 있다가,
이제야 나도 누군가의 모래 한 알이 되고 싶다.
초록 한 잎이 되고 싶다.

## 달팽이의 길

오랜 망설임
주저하는 더듬이 위로 문득 바람이 인다.
발바닥이 움찔했다.

태초의 신호
끊임없는 질문에 나무는 몸이 간질거렸다.
가지가 조금 흔들렸다.
땅이 꿈틀거렸다.
손끝이 떨려왔다.

고요한 전진
한 걸음 한 걸음이 떨림이다.
꿈의 이륙이다.

# 참다래

누가 손이라도 댈까
잔뜩 날을 세우는 털

까칠한 참다래 하나를 깎으면서
문득, 누구 닮았다 하면서
그 새침한 초록을 한참 째려본다.

딴딴한 뱃속 풀어주는 데는
최고라는 말에
입 안에 고인 침을 꿀꺽 삼킨다.

말랑말랑함은
두 눈 질끈 감을 때 온다.

# 화분

또옥 또옥,
나를 따내는 손이 있다.

누렇게 바래 축 늘어진 청춘을
누가 알아볼까 반쯤 묻어둔 상처를
부지런한 손이 잊을만하면 찾아와
빠진 곳 없나 이리저리 살핀다.

이것만 없으면 더 예뻐질 거라는 듯
이것만 다듬으면 더 쓸 만해질 거라는 듯
코옥코옥 짚어가며 낱낱이 뜯어낸다.

내 몸에 쓸모없는 게 저리도 많구나.

누군가가 정리하는 내 지난날을
속수무책 내려다보며 오래오래 뒤척인다.

# 6월 산책

길을 잃었는가 마음아,
천둥 번개 빗소리 밤을 틈타 요란하다.

허리 꺾인 비비추 꽃술은 여전히 허공에 오르고
생채기마다 쏟아내는 치자꽃 향 낭자하다.

불청객 발소리에
벚나무 이파리를 통과하는 새소리도 구멍 숭숭하고,
댕강나무꽃에 얼굴 묻은 흰 나비의 한 생도
흔들리는 것은 마찬가지.

지금 마음은 다음 마음을 위한 선물
비 개인 6월의 숲에서는 굳이
길을 물을 필요가 없다.

# 오동도에서, 봄

적당히 좋은 풍채에 잘 차려입은 턱시도
해변을 따라 걷는 갈매기 한 마리 낯이 익네.

동백도 며칠 더 기다려야 시간이 난다지만
봄날처럼 걷기에 좋았지.

갯바위와 밀당하는 파도나 차면서,
혹은 엿보면서
빠르거나 조금 늦거나 얽혀있는 마음을 푸네.

아, 이쁘다 배시시 날아온
연인을 향한 셔터음 속에 봄도 여장을 푸네.

# 장미는 마음을 어디에 두고 왔을까

오랜 기억쯤은 햇빛에 바래고
핏속에 묽어졌다 생각했는데,

길을 가다 만나도 매끈한 초록 손을 내밀며
발그레한 미소쯤은 가볍게 지어 보일 수 있다 자신했는데,

고작 바람이 나르는 이름 하나에 심장이 엇박을 낸다.
돌 아래 갯강구 자취 감추듯 낯빛을 추슬러 보지만,

언젠가 스친 적 있는 흔적이 종잇장 같은 마음을 흔들며,
난데없이 가시로 가시로 내 살을 먼저 뚫고 나온다.

마음이 아직 돌아오지 못하고 있나 보다.

# 향기 없는 장미

아침에 눈을 뜬 내게
지나가던 바람이 묻는다.

그래, 네 향기는 뭐니?

아직 늦여름이다.

# 잘린 기억이 향기를 지운다


전깃줄을 방해한 나무가 잘려나가는 것을 본다.
돼지들은 날 때부터 꼬리가 잘린다지.

그늘을 이해 못 하는 혀끝에
예고 없이 잘려 나간 말들처럼 꿈은 그쪽에 있었다.

남아 있을 거야, 향기
살아나고자 할 때마다 부정당한 것들의 교신으로
여름은 내내 비릿하다.

그런 건 애초부터 없었는지 몰라
존재를 거세당한 영혼은 바람이 지나간 후에도
혼자 흔들리곤 한다.

왜, 어떤 것들은 악착같이 내 것이 되려 하는지
흠진 자리 긁으며 잘린 기억은 향기부터 지워간다.

## 그해, 여름

베란다에 앉아 허공을 걷는 부용 잔뿌리를 걷네.
붉기도 전에 난타나, 꽃잎이 지네.

기르는 화분이 다음 해에도 꽃이 피면
시인될 자격이 있다는데,

내 사랑은 늘 일방적이어서
어느 때는 물이 많았고 어느 때는 물이 너무 적었네.

수국은 꽃 피지 않았고
자분자분 빗소리에 여름이 한 발 물러나 앉네.

# 가을이 꼿꼿하게 온다

귀뚜라미 적막에 앉아
꼿꼿하게 울음을 세운다.

너와 처음 마주앉은 나처럼,

잘 보이고 싶고 실수하기 싫고
서투른 맘 들킬까,

날개에 차오르는 불안을
새벽비, 꼿꼿하게 긋고 지나간다.

# 이 가을에는

이 가을에는 사랑을 하고 싶다.
나만 아는 풍경의 표정을 읽은 듯
한 사람 생각만으로 얼굴 발그레 피고,
입가에 배실배실 실없는 웃음 흘리며,
눈가 촉촉해지는 이 가을에는
사랑을 하고 싶다.

까무룩 서산을 넘는 노을을 삼킨 듯
한 사람 생각만으로 얼굴 벌겋게 닳아오르고,
열이 펄펄 끓어 숨기려 해도 새어나오는
비밀스런 사랑의 열병을 앓고 싶다.

어두컴컴한 동굴에 별 하나 띄우고,
피에리아 샘물 한 방울의 취기로
굳어가는 가슴 깨워 조바심치는 밤을 지새고,
선홍빛 꽃 한 송이 피워내듯
그렇게 한 열흘만 앓아 봤으면 좋겠다.

# 가을, 물들다

햇살 그리워 팔 들어 늘여보고
손 내밀어 넓게 펼쳐도 보고

기어이 닮아 우듬지부터 붉어가는데,

뉘 향한 그리움이라서 자르고 잘라도
정수리부터 무장무장 물들어 가는가.

# 볼펜이 달린다

볼펜이 달린다.
꼬물꼬물 검은 발자국이 줄 맞추어 간다.
열여덟 언니야,
선착장을 때리는 겨울파도를 싣고 달린다.
촛불처럼 일렁이는 뽀얀 눈물로 달린다.
그리운 화야,
그르니에의 보로메는 왜 늘 그곳에만 있었을까.
카바피의 이타카에는 왜 늘 내일 도착해야 할까.
헤매느라 뭉쳐진 발자국에서 꽃은 피어나고,
멈춰 서 두 줄 박박 긁던 자리에서
나무가 자라고 산맥이 뻗는다.
사랑과 슬픔은 한 몸이라 눈물은 빛나고,
물기 가득한 아침 풍경이 우리가 어디서 왔는지 말한다.
바람에 뒹구는 낙엽처럼 뜨겁게 살다간 이는 가볍다.
씨앗 품은 겨울비가 한두 방울 내리고
볼펜이 눕는다.
씨앗처럼 적막 속으로 든다.

| 제2부 |

# 소리로, 봄


톡,
새벽 빗방울 듣는 소리.

톡,
언 땅 새싹 돋는 소리.

톡,
달밤 꽃잎 터지는 소리.

톡,
마음에도 햇살 한 방울.

## 봄날에는 만나야지

꽃핀다.
아름다운 그대 만나야지.

맑은 냇물에 마음을 닦고 복사꽃물 볼 터치한 접시에
음식을 내어야지.

햇살로 가지런히 머리를 감고 새소리도 한가득
투명한 잔에 담아야지.

겨우내 바람 고인 자리마다 등을 내어 걸고
흐드러지는 봄꽃처럼 웃어야지.

만나야지.
만나 꽃 피워야지.

# 봄날

저 멀리 개나리 봄볕과 손장난한다.
간질간질 허리 뒤튼다.

그 너머 벚꽃
바람과 눈 맞아 하늘하늘 날아오른다.

발아래 징검돌
냇물과 등대고 재잘재잘 미끄럼 탄다.

나른한 봄날의 눈길
배 앵 배 앵 나를 감고 돈다.

## 시詩가 흐르는 자리

일개미 한 마리가 시창작 강의 듣네.

맨 앞에 자리 잡고 필사한다 꼼질꼼질.

꾸꾸벅 아이구 졸려 더듬이를 세워보자.

샘께서 보셨을까 뒷자리로 슬금슬금.

어디부터 놓쳤더라 여섯 발로 발발발발.

오늘도 선생님 강의 강물 되어 돌돌돌돌.

# 오늘 잘한 일

햇살처럼 잘게 부서져 창을 넘는 아이들 목소리
집안 곳곳으로 팅 팅 팅.

두통을 털 듯 자리를 털고 몸을 쭈욱 늘이는 강아지와
아파트 산책길로 총 총 총.

정돈된 숲길 나무 사이에 마시다 만 생수병 하나
분리수거함으로 통 통 통.

놀이터 맴도는 자전거 따라도는 강아지
아이들 목소리로 컹 컹 컹.

## 꽃으로 서다

음들은
서로 튕기고 어우러짐으로 음악으로 서고,

글자들은
서로 부딪히고 보듬음으로 문장으로 서며,

말들은
서로 버티고 받쳐줌으로 우리를 서게 한다.

그대
꽃만 보다 가는가.

# 잠깐이었다

꽃 핀 후에야 산수유나무인 줄 알았다.
꽃 핀 후에야 벚나무인 줄 알았다.
꽃 핀 후에야 목련나무인 줄 알았다.

곁에 두고도
꽃이 핀 후에야 널 알아보았다.

아주 잠깐이었다.

# 현악 4중주
― 듣는다


첼로가
비올라의 부드러운 속삭임을 듣는다.
비올라가
바이올린의 격렬한 호흡을 듣는다.
바이올린은
첼로의 깊은 속울음을 듣는다.

소리가 소리를 껴안는다.

눈으로 듣고 귀로 듣고
온몸이 흔들리면 보로딘이 깨어난다.
멘델스존이 걸어 나오면 청중이 빨려 들어간다.

밀고 당기는 팽팽한 현의 대화
오늘도 가만가만 너를 듣는다.

## 삶은 부드럽게

부드럽게 부드럽게 하세요,
시낭송을 하는데 시인이 조언한다.

어깨에 힘을 빼세요,
댄스를 배우며 자주 듣던 말인데 아직도 힘주며 사나 보다.

파랗게 날 세웠을 은행잎 하나
나풀나풀 내려앉는다.

산다는 건
쥐고 있던 주먹을 펴는 일이라는 듯.

# 차 훈증 체험

날개부터 말아들였던 그녀가 서서히 몸을 푼다.

비 들이치는 날 없었을까 바람 매서운 날 없었을까.

뜨겁게 말라갔던 영혼은 뜨거움이라야 깨울 수 있다.

그녀는 나에게 나는 그녀에게 온몸을 해독하는 호흡으로,
서로의 계절을 짚어가며 깊어가는 푸른 숨소리.

# 뭉게구름


빗살무늬 갈비뼈 하나가 빈다.

세상사 어느 숲길 헤매는지
바람도 쉬어가는 여름 한낮.

제 짝 찾아 내려왔나
앞산에 걸터앉아 숲 그늘 드리운다.

중력을 거스르는 매미 사랑
세월을 깎듯 제 속을 비워내 스며든다.

# 비는 내리려는데

단풍 여린 잎 기둥 삼아 허공의 집을 지은 거미 한 마리,
까만 두 눈에 광을 낸 한밤의 염탐자를 살핀다.

가로등 불빛을 가르는 팽팽한 긴장감,
스치는 바람에도 출렁이는 마음처럼 헐렁한 그물,

아, 비는 기어이 내리려 하는데.

# 햇살은 비스듬하고

햇살은 비스듬히 기대어 있고,
나무는 말이 없고,
물길 끊긴 가지에는 손발 오그린 나뭇잎 하나
까닥까닥 낮잠 중이시네.

해는 기울고, 그림자 점점 길어가고,
대륙을 건너 바람은
살금살금 마을 능선을 넘었는데,

낙엽으로 태어날 설렘일까,
꿈꾸는 볼 발그레 허공에 걸려있네.

# 마지막 잎새


가을이 구름처럼 무심하게 지나는
물빛 하늘 시린 화폭에,

흘림체로 써 내려간 문장 끝
흔들리는 붉은 낙관.

햇살의 핏빛 인주로
한 땀 한 땀 새겨 넣은 심장을
저리 옮겨 놓고,

나무는 누구의 심장에 깜빡깜빡
불을 켜는가.

# 나무, 가을 이후

붉게 익혀 세상에 내려놓은 것들
있던 자리가 다 시리다.

드러난 굽은 속살
앙상하게 서성이는 푸른 골목,

서걱거리는 바람 무릎으로 드니
가로등 불빛 당겨 덮는다.

# 새벽 기도//


생물이라야 제값 받는다고
바닷물 가득 담은 꽃게 다라이,
이단으로 이고 나르다 목뼈가 내려앉은 아낙네.

첫 버스에 다라이 부려놓고
버스가 흔들리는 대로 바다가 출렁이는 대로
꾸벅꾸벅 고개를 넘으시네.

이놈은 큰애 납부금,
저놈은 작은애 구멍 난 운동화,
바닷물 정안수에 꽃게들 가지런히 앞발 모으네.

# 아버지의 시詩

아버지 나무판에 대패질 하신다.
이리 돌려보고 저리 돌려보고
마알간 햇살의 눈빛으로 밀고,
멀리 놓았다가 바싹 당겼다가
다이달로스*의 눈빛으로 당기고,
올려 보았다 내려 보았다
물결을 지나온 새의 날개짓에 밀고,
문질러 보았다 쓸어 보았다
숲을 통과한 바람의 몸짓에 당기고,

아버지는
햇살 바람결 물결을 다듬으신다.
한 편의 마알간 시를 쓰신다.

---

*다이달로스: 그리스 신화에 나오는 뛰어난 건축가, 조각가, 발명가. 이카로스의 아버지.

# 당신의 잠

설핏 새벽잠에 든다.
앓는 소리
'삶은 어항 속 물고기의 막힌 벽이어라'
'허공을 향한 풀꽃의 무수한 발길질이어라'
이대로 깨어나지 않았으면, 하는 아침을 안다.

시간은 해결해 주기도 하지만
목줄을 쥐고 잡아당기기도 하는 법이라서.

산다는 건
주춤거리고 걸려 넘어지고 빙 돌아가고
운 좋게 뛰어넘기도 하는 장애물 달리기다.
순례자의 섬에서 만나는 열두 제자의 집처럼
쉼 없이 흐르는 삶에 무늬를 새겨 넣는 일이다.

신음소리 자욱한 방 안에
이불과 한 몸으로 작은 섬 하나 동그랗게 말려있다.

〉

꿈틀, 장애물을 넘는 중이다.
무늬 하나를 새겨넣는 중이다.

## 서랍으로 드는 해年


빈 가지를 흔드는 바람의 계절입니다.

자꾸, 잘 마무리 지으라는데
별일 없던 나도 뭔가를 털어야 할 것 같아
주섬주섬 주머니를 뒤져 봅니다.

햇살에 자주 눈살 찌푸렸고
온기에 가끔 등을 내밀었습니다.
바람에 어깨를 움츠리고 앉아
통통 튀는 낙엽을 보며 잠시 설레었습니다.

비가 와서 눈가가 젖었고
눈이 오지 않아 그대가 그리웠습니다.
잡목처럼 파도는 아무 때나 일고
어쩌다 한 번씩 오늘을 살았습니다.

이러한 일들은 정말 아무 일도 아니어서

세밑의 화려함에 목소리가 묻힙니다.

비어있는 가지 위로 바람이 매섭습니다.
가만히 접어 서랍 속에 넣으니
어둠 속 지난해가 다가와 손을 잡습니다.

수고했어.

# 낙엽, 되다

손가락 끝에 닿는 건 허공뿐
깊이를 가늠하던 발가락을 흠칫 거둔다.
아래를 굽어보던 고개는 바람의 기세에 진저리친다.

두 번은 없다* 나로 산다는 것
물기를 걷고 햇살을 지우며 발 구르다 발 구르다,
나뭇잎 하나 비로소 몸을 버린다.

마침내 읽어낸 허공의 낙법,
내려가는 일도 삶의 일이라 나선형 궤적 따라 이는 파문을
대지가 온몸으로 감싼다.

*비스와바 쉼보르스카 시 「두 번은 없다」.

| 제3부 |

# 패턴을 잃다

인생이 스펙터클해요.
엘리베이터에서 만난 위층 아이의 느닷없는 한마디.
휴대폰 패턴을 잊어버렸어요.

저런, 패턴을 놓친 너는 어떤 스펙터클을 목격했을까.
알람 대신 채이는 돌멩이의 당황스런 신호를 알아챘을까.
블루라이트 대신 발 저는 길고양이의 불안한 눈빛을 읽은 것일까.

패턴을 쫓느라 무궁화 2호칸처럼 살아온 나는
50년 만에 패턴 잃은 아이를 처음 만났고,
너는 그 나이에 패턴 따위는 잊어버렸으니,

나는,
네 인생의 스펙터클을 기웃거려 보는 것이다.

# 꾸르 씨의 하루

꾸꾸르르르 꾸꾸르르,
머언 새벽바다로부터 희부연 장막이 걷히기 시작하면,
숲 같은 이곳 난간을 붙들고 푸드득 이슬을 턴다.
도는 해를 따라 먹을 것도 줄고 바람마저 서두르니,
살아갈 일이 우뚝 선 상자의 깊이보다 아득하다.
갸웃갸웃 궁리하다 두통이 밀려와 이내 그만둔다.

볕 좋은 우리집 이웃사촌 모여 겨울나기 의논 와자하다.
까만 머리통 하나 자기들이 나눈 경계를 불쑥 넘어온다.
콩 볶듯 튀었다가 아래아래 옆 난간에 눈치 보며 내려앉아,
놀란 가슴 쓸고 서로의 안부를 살핀다.
부화하지 못한 알을 폭우에 쓸려 보낸 여름 이후 처음인데,

궁둥이 돌리기도 힘든 실외기 뒤 불안한 나의 보금자리에
떨어지는 가을햇살마저 아득해지면,
창문마다 온기 없는 불이 밝아오고
웅크린 내 어깻죽지엔 찬기 어린 이슬이 촘촘 박힌다.

## 이국異國에서


장미정원에 가면
겨울에도 장미가 피어 있다는데,

네가 진정 두려운 것은 서리 찬 새벽일까,
조경사의 가위질 소리일까,

햇살 한 줌 모으려
뽀얀 솜털 다 세우고,

살려고 살려고
살아보려고,

# 오징어게임

18살 아이가 죽었다.
요트 바닥 따개비를 갈아내다 제 몸을 갈아 넣었다.

자, 유리 징검다리를 건널 다음 차례는 누구냐.
운이 좋았구나.

허나, 네 선 자리를 보아라.
갈다 만 따개비를 저 아래 산산이 조각난 꿈들을.

이제는
우리가 따개비를 갈아야 할 시간.

오늘도 요트는 매끈하게 떠가는데
12키로 납덩이에 묶인 아이는 떠오르지 못한다.

# 초간편 이별

초간편 요리에
초간단 설치가 대세다.

나, 이 모임에서 나갈 거야.

무대 뒤로 사라지는 배우처럼
단톡방을 불쑥 나가버린 오랜 인연 하나.

언제까지는 기다려봐야 한다.
설명서라도 있으면 좋으련만.

라일락 향기 가득한 계절에
물기 잃은 프사가 거스러미로 자꾸 일어난다.
최신형 스마트폰을 오래 문지르다
손톱깎이를 누르듯 버튼을 누른다.

이 시대는 이별도 초간편이구나.

# 층간 소음

그 집 청소기 너무 시끄러워요.

그녀가 13년 만에 입을 열었다.
제가요? 네.
적어도 피해 주며 살고 있지는 않다는,
생각에 금이 갔다.

한 번에 많이 최대한 빨리
무거워 봐야 꽃잎 한 장의 무게
길어야 차 한 잔의 시간인 것을.

습관적으로 강强에 맞춰졌던 버튼
소리가 내려가니 흘리고 다닌 흔적도 보이고,
바람이 휘젓던 마음도 잠잠해진다.

엘리베이터에서 만난 그녀
오래 참던 보살이었다.

# 증명사진

−고개를 이렇게 살짝 미소를,
아, 네~ 좋아요.

몇 번의 셔터음이 울리고,
허걱! 웃지 않는 저건 너무 무서워요.

−여기 여기,
바람의 흔적은 지울까요?
−요기 요기,
햇볕의 그림자도 제거하죠?

부끄러워하며 걸어온 길 몇을 지우고,
잃었던 미소를 찾아 나온다.

# 서비스 유감

전화기 저편에는 사람이 없다.
모든 상담원은 연결 중입니다.
친절한 기계음이 챗봇을 대신 보내온다.
한마디도 못했는데 기계음조차 사라진 기계 앞에서,
http://www……
서비스 신청 바로가기를 클릭한다.
제품 브랜드를 선택해 주세요.
제조사가 맞습니까?
아닐 경우 방문이 되지 않습니다.
제품을 선택해 주세요.
세탁기 종류를 선택해 주세요.
선택하신 일반 세탁기 모델명을 선택해 주세요.
고장 증상을 선택해 주세요.
신청자 정보를 입력해 주세요.
서비스 받을 날짜와 시간을 선택해 주세요.
예약 정보를 확인해 주세요.
고치러 온다냐, 얼른 주그야끈디.

자꾸 느그들을 귀찮케 한다.
두 손 모아 쳇봇에게 대답하는 내게
불편한 다리 끌고 빨래를 널던 여든 살 노모가 묻는다.
골이 깊은 주름에 반짝 안도의 미소가 번진다.
전화기 저편에는 끝내 사람이 없다.

## 둘레길을 돌다

길치들이 모여
고락산 둘레길을 돈다.

이리 가는 게 맞다.
난 전에 저리 갔던 거 같다.

어느 길인들 못 갈까.
산새 소리 구불구불 앞장을 선다.

# 초록은 회색빛으로 온다


섬에서 만난 비
선창까지는 걸어서 삼십 분.

딱한 사정이 식당 문을 넘어
이웃한 카페까지 닿았나 보다.

무뚝뚝한 주인
사례라고 내민 푸른 잎은 손사래 치고,
슬그머니 행운을 놓고 간다.

우산 씌워주는 사람은 비와 함께 온다.
목도리를 둘러 주는 사람은 찬 바람과 함께 온다.

저 건너 섬 홀로 우뚝한 소나무에게
회색빛 파도 소리는 초록이 짙어가는 시간이다.

# 그네

나는 흔들리기 위해 태어나
흔들리기 위해 손을 내민다.

흔들리며 계절이 오고
수런거리는 공기에 꽃도 흔들리지.
강물 소리도 흔들리면서 속을 고르지.

미풍이었다가 폭풍이었다가 부풀다가 터졌다가,
나는 빗방울보다 가볍게 부서진다.

정확하게 발을 구를수록 더 크게 진동하고
너 떠난 후에도 포로가 되어 오랫동안 매여 있다.

고요한 밤을 위해선 흔들림을 지나야 하지.
갈대 같은 질문의 시간들
흔들리다 보면 좁은 내가 보이지.
넓어지는 중심이 있지.

〉

오늘도 흔들리기 위해 널 만난다.
먼저 흔들렸던 자 나를 흔든다.

# 얇은 것들을 위한 변명

하여튼 너는 귀가 얇단 말이야.
못마땅한 마음을 툭 던지고 너는 입을 닫아버렸다.

꽃잎이 얇다는 것은
맑고 투명한 마음이 있다는 것이다.
종이가 얇다는 것은
겹쳐지기 쉬운 마음이 있다는 것이다.
지갑이 얇다는 것은
널 위해 사용한 마음이 있다는 것이다.
옷이 얇다는 것은
추위를 염려하는 마음이 있다는 것이다.
얼굴이 얇다는 것은
부끄러움을 아는 마음이 있다는 것이다
입술이 얇다는 것은
보여주고 싶은 마음이 있다는 것이다.

아아, 귀가 얇다는 것은
너에게로 열려있는 마음이 있다는 것이다.

# 반딧불이 축제


섬진강 벚나무 눈 뜬 꽃도,
선운사 은행나무에서 눈 뜬 싹도,

제 빛은 저도 몰라.

저 어디쯤에선가
반딧불이 눈 떴다는 소식 듣고
사람들 몰려든다.

꽁무니에 빛을 달고
캄캄하게 가는 이유,

아무도 몰라, 저도 몰라.

# 새에게도 절벽이 있어


새 한 마리 아파트 담벼락 앞에서
한 번 두 번 필생의 날갯짓,

반듯하게 간격을 무시한 말語처럼
촘촘히 세워진 아파트숲,

엉거주춤 내려앉아
바닥에 주문을 외는 굽은 발가락,

벽 앞을 지나는 바람처럼
조바심을 하나씩 허물며,

말 사이를 유영하듯
비잉 돌아가는 비상飛上
마침내!

# 지팡이

딱
딱
딱

할머니 한 분
지팡이 한 번 발걸음 한 번,

처음부터 발은 지팡이가 짝이었던가,
흔들리던 날들로 천근만근이던 시절.

온 생을 실은 무게
겨울 공기보다 가볍게 흩어진다.

# 교차로 풍경

그물에 걸린 물고기처럼 신호등에 걸린 자동차들이
은빛 물결로 파닥거리는 오후 네 시.

가뭄 같은 통장 잔고,
식욕을 외면한 장바구니 내상內傷을 입은 담배연기.

미세 플라스틱 같은 칸칸의 사연이
물고기 본성을 누르고 부르르 떨며 내려앉는 건,
괜찮아 보여야 도달할 수 있는 저녁 밥상을 위한 의식.

신호등이 멍들어 파래오면 한기를 떨치듯 몸을 털고
창문을 올린다. 표정을 올린다.
하나둘 내일을 빌려 헤엄쳐 간다.

식탁에 고등어 두 마리 나란하겠다.

# 이번 역은

기차가 역 안으로 들어서고 있었다.
이번 역은 퇴행성 관절염입니다.
염증약을 한 보따리 받아 들고 역에 발을 딛는 순간
땅이 푹 내려앉는 느낌이 들었다.

미소를 닫고, 고여드는 생각을 더듬으며
탄력 잃은 고무줄처럼 낯선 역을 둘러봤다.
기약한 적은 없었지만 이리 오기로 되어 있었던 것이다.

한순간의 일은 아니어서 마음도 너무 쓰면 병이 되듯,
허락된 양을 넘기는 순간 모든 것을 허물면서 역은 나타나고,
새로운 이정표 앞에 하늘이 잠시 휘청인다.

이름으로 불린다는 것은 얄궂어서
생각은 하필 보호대 속 새끼손가락 끝으로 오고,
그래도 그땐 그래야만 했어,
펼쳐진 노트에 빈 문자만 수북하다.

# 한눈판 사이
　―일출


혹시, 가지 끝
나뭇잎 붉은 볼에 지그시 머무셨던가요.

단풍에 불콰해진 바람과
어깨동무 갈짓자 걸음 당신이었나요.

집으로 돌아간 새들의 발자국 지우는
호수 그 쓸쓸한 물빛이었던가요.

한눈판 사이 오동도 머리 위에서
사소하게 구름을 여는 당신,

기별이라도 좀 하시지.

# 가을이 다녀간 자리

책 속에 반쯤 꽂힌 책갈피,

더 깊이 들어가는 중인지
빠져나가는 중인지,

기다린 세월만큼 눌린 자국 깊다.

오는 듯
뒷모습 보이는 너처럼.

# 12월 31일

오늘은 남겨짐에 대하여 말하려 합니다.
봄날의 아델라이데* 그 보랏빛 향기에 대하여,
전화번호 앞을 서성이던 숱한 밤에 대하여,
수없이 묻고 또 묻던 기억나지 않는 잘못들에 대하여,
기어이 벌어지기 시작한 우리의 시간에 대하여,

남겨짐이란, 이 모든 것들이 피를 따라 촘촘히 흐르는 일이라는 것을.

바닥까지 졸이고 졸여 검붉은 알갱이 하나 남기는 일이라는 것을.

그 머들머들한 이물감 끌어안고 둥글둥글 갈아내는 일이라는 것을.

마침내 이마저도 훌훌 털고 스스로 12월 31일이 되는 일이라는 것을.

*마티손의 시에 곡을 붙인 베토벤의 가곡.

| 제4부 |

# 벚꽃 연서

겨우내 서성이던 발자국 연분홍 꽃잎으로 걸렸다.
그대에게 보내는 마음도 저기 어디쯤 팔랑이겠다.

여린 마음
시가 되지 못하고 분분하게 밤을 긋는 꽃비소리.
그대 창으로 스며들어 수줍은 얼굴에 꽃물 번지면,

나 오늘, 해종일 헛되어도 좋으리.

# 장미와 벌


사랑인 줄 알았어.

연분홍 미소 품은 고고한 향기
바람 따라 흐르는 우아한 몸짓

온몸 펼쳐 온몸으로 들이고
온몸으로 취하던 황홀한 내 어지러움은
몸 따라 곱게 번지던 햇살 때문만은 아니었어.

좋은 날은 순간이었어.

너 있던 자리 구멍 하나 뻥 뚫린
등 뒤에 연분홍 미소 벙긋거리는,

그때가 사랑인 줄로만 알았어.

# 낯선 독서

언젠가 너를 읽은 적 있다.
2년 전인가 3년 전인가 아니 그보다 더 오래전인가,
너를 읽겠다고 사람들 다투어 말할 때
그들 틈에 섞여 만개한 너를 한 번 읽은 적 있다.
펜으로 밑줄 긋듯 꾹꾹 눌러댄 셔터 몇 컷으로
너의 전부를 담았다고 불쑥 아는 체했다.

이제 바람이 놓고 간 햇살에 섬진강은 묶었던 손을 풀고,
언 땅 아래 꼼지락거리는 필사筆寫의 발가락,
할퀴고 뜯겨 숨죽인 채 굽어가는 잔등,
잠 못 들어 깊어가는 눈동자,
속울음 삼키다 마침내 터져 나온 망울망울들,

다시 읽는다는 것은 다시 사랑하는 일
눈이 녹고 비가 내리는 매화밭에서
안으로안으로 스며드는 고요한 향기
낯설게 다가오는 너를 다시 읽는다.

# 새벽비

벽 하나를 사이에 두고 누가 운다.
북받친 듯 서럽더니 밤을 돌며 거둔 사연
가만가만 내려놓는다.

뙤약볕 바람 말 시간 그리고 당신
어떤 것은 스치면서 상처를 낸다.

유리창에 맺힌 빗방울 멀어지는 마음
어떤 것은 스치도록 두어야 한다.

하나하나 닦아내는 까만 빗소리
토독…… 토독……
아침을 노크한다.

# 상사화

어딘가에 있을 당신을 느끼려
그리움 붉게 뻗어 허공을 더듬습니다.

밤을 뒤척이는 당신과 낮을 헤매는 나는
같은 자리에서 오랫동안 그립습니다.

제 속을 비워 짝을 찾는 한 생이 여위어만 갑니다.

반도네온 끌어안고 끄윽끄윽 울다가
기어이 한 몸 되는 그리움입니다.

떨어져야 하리, 꽃술 끝에 맺힌 이슬.
아득한 난간에서 바람으로 손짓하지만
오늘도 시간의 향기만이 자욱합니다.

# 섬

뭍으로 가는 배는 한참 전에 끊겼습니다.
오늘 밤도 파도를 불러 앉힙니다.

멍든 가슴 쓸어간 바다는 달빛 아래 푸르게 뒤척이고,
그리운 마음은 노래가 되어 흐릅니다.

해변의 노을처럼 계절은 쌓이고
손잡고 거닐던 사람들 발끝에 사그락사그락 소리 닿으면,
아기별 품은 새벽달처럼 섬 하나씩 안고 잠이 듭니다.

형벌처럼 붙박여 떠나 본 적 없지만
끊임없이 당신에게로 흘러가는 세월입니다.

# 그리움

빗소리가 너와 함께한 풍경을 싣고 간다.

화선지 같은 접시꽃잎에 바람이 그리고 간 풍경
차창에 따라오는 너의 생각 방울방울 맺혔다.

또르르 흘러내리는 어제의 어제들.

산마루 물안개 깊어질수록
톡 토독 톡 토도독 빗소리 세차게 내린다.

비 오는 날 그리움이 밀려오는 건
너와 함께한 어제가 흘러가기 때문이다.

너와 함께한 내가 흘러가기 때문이다.

# 그 봄, 나는 목련을 보내지 못했네

우리는 언제부터 멀어졌을까.
헤어짐이 예고된 만남은 끝까지 불지 않은 풍선처럼,
밀려오다 사그라져버린 파도처럼,
애초부터 싱거웠는지도 모른다.

이별을 모르는 하얀 미소만
남김없이 펼쳐 보이고 산화하듯 스러질 때도
떨어져 내릴 꽃잎만을 기다렸는지 모른다.

제대로 사랑한 적 없으니 제대로 보낸 적도 없어
서성이며 서성이며 모든 끝은 그대로 완성인 거라고
네가 남긴 언어들 서랍에서 누렇게 바래가는 밤,

하얀 통증은 다시 피려는지 너를 알던 시절보다 오래 남아
지나가는 바람에도 쿨럭인다.

# 너의 바람이 불어

문이 닫혀 있어도 바람을 느낀다.
흔들림이란, 무언가 정리되고 있다는 것.

놓았던 펜을 들고 다시 글씨를 쓸 때
미세하게 바뀌어 있는 필체처럼,
방 한켠에 쌓아 두다 이 년만에 내어놓는 책들처럼.

조심스레 놓았다가 화들짝 잡았다가
그렇게 조금씩 눈치채지 못할 정도로 어긋난 채 쌓여가다
와르르 무너지며 마침내 내어놓는 날,

당신은 마음 한쪽에 나를 쌓아 두고
얼마나 흔들렸던 걸까.

빈 책장에 너의 바람이 앉았다 간다.

# 빗소리는 더디게 온다

어제를 떠난 내가 떠나간 어제를 묻는다.

나무를 떠난 꽃이나 낙엽을 묻는 일처럼 무의미하다.

하늘을 뒤로하고 곧장 떨어져 내리는 빗방울.

강바닥을 밀고 내달리는 강물을 보며,
숱한 밤을 세워 두고 오는 새벽에 너를 그만 잊기로 한다.

돌아가는 일은 아득히 멀고 빗소리는 항상 더디게 온다.

# 낙엽


엽서 하나가 날아왔다.
태양을 정면으로 바라본 이만이 누릴 수 있는 빛깔로,

슬픈 사랑 이야기는 사랑이 끝난 후에야 쓰여지고,
슬픈 사랑시를 위해서는 아직 아프게 있어야 한다는 것을
그때 알았더라면 조금은 쉬웠을까.

연둣빛 봄바람도 한여름의 초록 열병도
계절을 다 돌고 온 꽉 찬 문장 하나로,
어느 골목 담벼락에 접혀 서걱거리던 영혼에 말을 걸어온다.

가을의 문장은 스쳐 지나가는 것이 아니라 파고드는 것이다.
안으로 안으로 한없이 깊어가는 소리다.

모래알갱이 사이로 스며든 햇살에
제 무게를 다하고도 한참을 물들어가는 나뭇잎처럼,
떨어진 후에라도 끝난 인연은 없다는 것이다.

## 별빛

아무리 오래 걸려도,

아무리 방해를 받아도,

너는 그렇게 왔다.

# 너는 별로 뜨거라

새싹으로 와 낙엽과 떠나버린 너,
태어나고 돌아감만 닮았을 뿐
꽃 피우고 열매 맺고,
푸르고 붉어야 할 시간들은 한 줌 재가 되었다.

탯줄 끊긴 자리 채 아물지 않았는데,
생으로 끊긴 가지는 핏빛 수액을 끄윽끄윽 토해내고
허공을 훑는 눈동자에 너는 없구나.

어떤 위로에도 텅 빈 자궁은 시리기만 한데
천도의 불을 건넌 아가야,

너는 별이 되어라.
마르지 않는 눈물로 눈먼 밤을 걷는 가슴에
너는 부디 별로 뜨거라.

## 차가운 밤에도 별이 있어

새벽 찬 공기일지라도 별을 보고 있으면
따듯한 차 한 잔 품고 있는 것 같다.
구름 끼어 보이지 않을 때에도
그곳에 있음을 알기에 웃으며 돌아설 수 있다.

'잃었다'는 소중했다는 것
지키고 싶은 동안에는 반짝이는 거라서,
바라볼 때라야 반짝거리는 거라서,
별처럼 흩뿌려져 만나지 못해도
섬처럼 연결된 우리 멀어서 아름답다.

너 지나간 곳 나 지나가며
두고 간 온기로 마음을 데우고
나 다녀간 곳 너 다녀간다는 말,
뒷모습 바라봐주는 가만한 응원이다.

새벽 별빛에 숨이 훅 멈춘 순간에도,

가을바람이 어깨를 툭 치는 순간에도,
낙엽이 문장으로 밀려드는 비 그친 거리에서도
우리는 함께였다.

찻물 데워지는 소리 은근하다.

# 무스카리<sup>*</sup>

당신이 보내오신 가느다란 꽃대에
포도씨만 한 희망들이 옹기종기 걸렸네요.

실망으로 주저앉던 수많은 밤은
까만 사랑의 눈동자로 입안 가득 빛납니다.

꽃 보라는 그 마음 사랑만이 희망이라고,
책상 가득 알알이 또로로롱 또로로롱.

눈을 감아도 귀를 닫아도
연청빛 종소리 아침 내내 쏟아집니다.

*무스카리: 백합과의 알뿌리 식물. 히아신스의 근연종.

# 동백 · 1

오라, 그대는 그저 오기만 하라.

굼실굼실
새벽의 검푸른 벨벳 바다를 건너오라.
사락사락
널 위해 서리친 푸른 베일을 걷고 오라.

그 봄 서늘한 눈빛으로 스치듯 지나간
가느다란 미소 한 올에 평생 발이 묶인 내게로 오라.

침묵 속 갇힌 그리움
깜박깜박 내보이는 붉은 신호 앞에
멈. 추. 라.

후둑, 그대 발소리 아득하고
꿈에서 깨어나듯 떨어지는 내 사랑
푸른 장막 속으로 깊어가라.

# 동백 · 2

빗소리 진한 새벽
에스프레소를 빨간 잔에 내리며 왜 네 생각이 났는지 몰라.

제 살을 갈아 피워내던 붉은 입술 때문이었을까.
크레마처럼 어떤 기대로 부풀던 조바심 때문이었을까.

찾아간다고 다 만날 수 있는 게 아니듯
멀리 있다고 아주 잊을까.
하고 싶은 말은 알싸하게 혀끝에 맴돌고
듣고 싶은 마음은 잔향殘香으로 귓가에 맴돈다.

무거운 발걸음 뒤로 한숨 토하듯
떨어져 내리던 꽃송이처럼 빗소리만 후두둑 지는 시간.

빈 커피잔 가득 생각이 났다.

# 안 맞다

발등, 그 옹삭한 자리에 한사코 앉으려는 단비*처럼
너도 그렇게 애썼지.
한쪽 뒷다리로 더듬더듬 울퉁불퉁 좁은 그곳에
제 엉덩이 살며시 내려놓고 엉거주춤 쭈그려 앉듯,
모나고 패인 마음자리에
가령 산이라든지 바다라든지
생선머리, 닭다리 혹은 국밥 같은 거,
때로는 조각가의 조각도가 되어 제 살을 깎아내고
때로는 화가의 붓이 되어 서툴게 채워가며
한 생을 더듬거렸지.
나 튀어나온 곳에는 너를 들이고,
나 들어간 곳에는 너를 내밀며,
나를 안았지.

천생연분이었지.

*반려견 이름.

# 꽃잎 지는 밤에는

꽃잎의 붉은 기침은 바람의 흔적
새들 놀다 간 자리마다 살갖은 패이고,
가지에 매달리던 동네 개구쟁이까지
벚나무는 밤새 앓았지요.

속상한 거 말하면 뭐해.
좋아하면서 상처를 내지.
의지하고 부탁하면서
흔들어 대고 마음 헤집기도 하지.
미안한 마음은 왜 그리 퉁명한지
그러다 먼저 잃고 말지.

쉿! 꽃잎 지는 밤에는
생각 많은 너의 잠자리처럼,
뒤척이며 내리는 꽃잎의 뒷모습
그렇게 묻고 가는 사연이 있지.

# 그런데, 당신이 시詩야

글자들이 우수수 쏟아지는 꿈을 꾸었어,
달빛도 별빛도 아닌,

사는 게 다 절박인 사람 앞에서
시는 얼마나 한가로운가.

사랑이 더 깊어 아픈 척,
생각으로 쌓는 시는 검은 안개
빈손 허우적댈수록 뿌옇게 멀어진다.

도깨비를 붙들고 씨름하다 홀로 내쳐진
어느 나그네의 새벽처럼 멀뚱히 앉아,
구멍 난 잠이나 짜깁기하는 내겐
당신이 시詩야.

|해설|
# 경계를 지운 통섭統攝의 공감화법
―미선의 시세계

신병은 | 시인

 한 편의 시에는 시인의 생각이 담겨 있지만, 읽는 독자의 세계관, 인생관, 가치관에 따라 다르게 이해되기 때문에 시에 대해 이야기한다는 게 여간 조심스러운 일이 아니다. 그럼에도 어차피 시는 시인에 의해 완성되는 것이 아니라, 독자에 의해 완성된다고 본다면 필자 역시 한 사람의 독자의 입장에서 시를 완성시켜보자는 생각이다.
 이번에 미선 시인의 시를 겪으면서, 굳이 '읽는다' 혹은 '감상한다'라고 하지 않고 '겪는다'라고 표현한 것은 정현종 시인의 '방문객'처럼 시인의 과거와 현재, 미래가 그 속에 고스

란히 안겨 있기 때문이다.

미선 시인의 시를 겪은 첫 인상은 '시는 이래야만 한다'는 것이다. 우리가 늘 만나는 일상적인 삶의 풍경에 안겨있는 풍경 속 풍경을 보여주고 있기 때문이고, 우리 모두가 아는 것들을 새롭게 보여주는 힘이 있다는 것이고, 그리고 자기 말을 하되 뻔한 말을 하지 않기 때문이다. 그래서 독자들도 시인의 시를 완성시키는 작업에 기꺼이 동참할 것이라 믿는다.

미선 시인은 시 쓰기가 훼방 되었다고 생각한 그 순간이 오히려 다른 방향과 질감으로 시 쓰기가 저절로 열리고 있음을 능숙하게 포착하고 있다. 그 순간은 "오랜 망설임/주저하는 더듬이 위로/문득 바람이 인다/발바닥이 움찔했다"(「달팽이 길」)처럼 차인의 감각으로는 절대 포착할 수 없는 미세한 자각으로 그리기도 하고 "아기별의 수정 구슬/연잎 위로 데구르르/거미 한 마리 슬그머니 긴 다리 거두자/강물소리 밀려온다(「소풍」)처럼 깨어있거나 기다린 누구나가 지각할 수 있는 사건으로 드러내기도 한다. 이것은 무엇보다도 시인이 그런 순간, 즉 시적 계기가 불시에 찾아든다는 것을 잘 인식하고 그 순간을 포착하고자 시도를 거듭한 반증이라 할 수 있다. 시인은 이 순간에 만족하지 않고 한 단계 더 나아갔다고 보인다. 진솔한 자문자답과 우리들이 쉽게 사용하는 언어들이 그 친연성보다 사실은 서로 멀리 떨어져 있다는 문제를 제기한다.
―장종권 백인덕 남태식의 미선 「신인상 심사평」에서

리토피아 신인상 심사평에서 시인의 시세계를 생활 속에서 순간 포착된 공감화법의 자각이라는 것, 그리고 진술한 자문자답에 의한 재발견이라는 것, 그리고 친숙한 언어의 통섭적 적용이라는 점을 들었다.

이 점에서 먼저 주목할 부분은 목차다. 여기 꽃 있다, 노을로 피는 여자, 이런 욕심, 달팽이 길, 장미는 마음을 어디에 두고 왔을까, 잘린 기억이 향기를 지운다, 가을이 꼿꼿하게 온다, 가을 물들다, 볼펜이 달린다, 서랍으로 드는 해, 낯선 독서, 빗소리는 더디게 온다, 너의 바람이 불어, 소리로 봄, 봄날에는 만나야지, 오늘 잘한 일, 꽃으로 서다, 잠깐이었다, 한눈판 사이, 햇살은 비스듬하고, 패턴을 잃다, 꾸르 씨의 하루, 층간소음, 새에게도 절벽이 있다, 얇은 것들을 위한 변명, 꽃잎 지는 밤에는 등 일상생활에서 만난 이야기를 풀어내면서도 일상적인 의미를 새롭게 통찰하고 있고, 그렇다고 뻔한 말만 하는 꼰대의 언어가 아니라 언어가 나이 못지않게 참 젊다는 것을 알 수 있다.

융합과 통섭에 의한 언어의 직조력이 그만큼 뛰어나다는

것이다. 융합과 통섭은 인문과학, 자연과학, 사회과학을 자유롭게 넘나드는 관점의 이동을 통해 새로운 말을 찾는 과정이기 때문이다.

    한 겹만 벗겨서는 모른다.
    반백년도 더 덧씌운 것들이다.

-「자화상」 전문

 시집의 첫 시로 수록된 짧지만 연륜이 묻어나는 시심의 서시다. 우리가 살아가며 늘 부딪히는 문제가 도대체 '나는 누구인가?'에 대한 본질에 대한 물음이다. 이 물음에서 확장되어 이것은 무엇이고 저것은 또 무엇인가를 밝히면서 세상을 향한 화두가 되고 시를 향한 길이 된다. 나이면서 내가 누구인지 알지 못하고, 반백 년을 살아도 알지 못하는 존재의 궁금증을 단 두 행의 시로 압축해내기도 쉽지 않다.
 '열 길 물속을 알아도 한 길 마음속은 알 수 없다'는 말이 오버랩되면서 살아온 시간과 공간은 물론 내일의 나를 만나는 물음을 안겨주면서 내 속에는 내가 모르는 내가 너무도 많다는 공감에 이른다. 그래서 특별하지 않아도 매력 있는 인생일 것 같은 기대치도 오버랩된다.

아침에 눈을 뜬 내게
지나가던 바람이 묻는다.
그래, 네 향기는 뭐니?
아직 늦여름이다.

—「향기 없는 장미」 전문

 여느 때처럼 아침에 눈 뜬 시인에게 문득 향기가 뭐냐고 바람이 묻는다. 대상의 물음은 결국은 시인의 물음이다. 질문이 열 개면 새로운 생각이 열 개다. 그냥 뻔한 현상에 대해 질문을 하는 버릇이 시창작의 첫걸음이 된다. 꽃이 늙으면? 꽃씨 속에 숨어있는 꽃을 보려면? 처럼 시 쓰기는 스스로 묻고 답하는 과정이다. 세상의 모든 창조는 질문의 결과물이고 독자의 공감 또한 이처럼 새로운 세상에 대한 궁금증의 풀이다. 그러면서 '아직 늦여름이다'라는 현실적 자각으로 시상을 마무리하고 있는데, 이 시에서 '아직'이란 부사어가 떠받치는 힘은 늦여름인데도 아직까지 나의 향기 하나 갖지 못하는 것에 대한 역설적인 자기힐난이란 점이다. 세상의 모든 시는 삶에 대한 자기 성찰이다.

 꽃 핀 후에야 산수유나무인 줄 알았다.
 꽃 핀 후에야 벚나무인 줄 알았다.

꽃 핀 후에야 목련나무인 줄 알았다.

곁에 두고도
꽃이 핀 후에야 널 알아보았다.
아주 잠깐이었다.

—「잠깐이었다」 전문

  삶에 대한 깨달음은 결국은 순간이다. 세상의 모든 진리는 석가도 공자도 맹자도 예수도 원효도 그랬듯이 순간적 깨달음이다. 인생은 길고 깨달음은 잠깐이었다. 그것은 예고 없이 한순간에 불현듯 다가온다. 그런데 시간과 공간에 따라 그 깨달음이 고정불변의 진리로 존재하는 것이 아니라는 점에 매력이 있다. 50대에 느낀 깨달음은 또 60대가 되어 다시 재발견된다는 점이다. 그래서 창작이 가능한지도 모른다. 한 대상과 현상에 대한 어느 한순간의 깨달음이 또 시간이 지나 다시 깨달음의 업그레이드가 된다는 데 재미가 있다.
  바람에 흔들리는 풀잎, 달빛에 나부끼는 나뭇잎이 잠시 흔들리다 조용히 제자리로 돌아서는 그 현장을 지켜보는 것만으로도 이미 반은 시인이라 했다. 세상의 모든 지식은 통찰에서 시작되듯이 사소한 것에 우주가 들어있다는 말, 미선 시인은 평범한 일상을 예리한 통찰로 사물과 현상을 꿰뚫어 보는 힘이 있다.

> 언젠가 내게 조팝꽃을 닮았다고 했을 때,
> 노을 속으로 걸어간 여자 있었지.
>
> 불덩이 같은 활의 울음에
> 한 번도 데인 적 없는 얼굴로 속을 비워내며,
>
> 바람마다 살랑거리는 마음 말라가도
> 꽃잎처럼 낯빛을 지킨 여자 있었지.
>
> 세상이 온통 빨갛게 속살을 드러내고
> 잎들조차 농염하게 짙어가도
>
> 살아본 적 없는 불꽃 알갱이
> 또르르 눈물로 내리는 해거름이면
> 노을 꽃잎으로 피어나는 여자 있었지.
> ―「노을로 피는 여자」 전문

사람이 풍경으로 거듭날 때가 있다. 아침햇살 혹은 노을로 피어날 때가 있다. 시인은 한 폭의 풍경이 되어 살면서, 사는 그 자체로 풍경이 되어 피어날 때는 저 혼자 풍경이 될 수 없다는 것을 잘 안다. 세상에 저 혼자 피는 풍경은 없기 때문이다. '풍경'이란 말 속에는 '함께'라는 의미가 밑자리하고 있기에 시인은 스스로 풍경일 때가 가장 보람 있고 행복한 것이다. 시간과 공간 속에 안겨 흘러가는 모든 게 다 그렇지만 세상의 모든 존재는 풍경이 된다. 그것이 존재 이유이기도 하다. 노을은 시인이 피워낸 삶의 풍경이다. 한 번도 데인 적 없는 얼굴로 속 비워 낸 여자고, 꽃잎처럼 낯빛을 지킨 여자고, 스스로 풍경이 되어 풍경 속에 걸어 들어가는 시적 자아다.

아기별의 수정 구슬 연잎 위로 데구르르,
거미 한 마리 슬그머니 긴 다리 거두자
강물 소리 밀려온다.
불시착한 수만 년의 신호에 온밤이 흔들렸다.

비구름이 쉬어간 자리 반짝 빛이 든다.
진창 위에 뿌리를 둔 연분홍
아이들 웃음소리에 화들짝 깨어난다.
앞산에 안기는 새소리 푸른 안부를 전한다.

프사만으로도 휘둘리는 마음
너처럼 맑아질 수 있을까.

연잎 위 우주 하나 고요히 출렁인다.

-「소풍」 전문

　인과적인 질서와 순환의 풍경이다. 세상은 알게 모르게 관계에 의해 연결되어 있고 직접적인 원인인 인因과 간접적인 원인인 연緣으로 맺어져 있을 뿐만 아니라, 이 인연因緣에 따라 생겨나고 소멸해 간다. 인因이 결과를 산출하는 내적·직접적 원인이라면, 연緣은 결과의 산출을 도와주는 외적·간접적 원인이다.

　시인은 연잎 위로 이슬방울이 구르는 것으로 강물소리가 밀려듦을 인지해내고, 한 마리 거미가 긴 다리를 거두자 불시착한 수만 년의 신호를 인지해내고, 연잎 위 구르는 이슬방울 하나에서 우주의 고요한 출렁임을 감지해낸다. 늘 만나는 일상을 그냥 지나치지 않고 시인 나름의 촉으로 현상과 대상의 의미를 재발견해내는 안목이 남다른 것은 '맨발로 바다에 서서 가만히 눈 감고 모래알이 간질간질 밀려왔다 밀려가는 물결에 지워지는 자신에게서 정수기를 지난 물처럼 맑아지는 자신을 보기(「이런 욕심」) 때문이다.

　세상의 모든 대상과 현상은 그것을 보는 사람에 따라 다르기 마련이다. 그것은 '본다'는 의미는 사전적 의미에 앞서

'아는 만큼 보는 것'이고, 또한 아는 만큼 보는 것 중에서 '가슴에 어떤 느낌으로 다가온 것'이 진정으로 본 것이기 때문이다. 그래서 '잘 들여다본다'는 의미도 제대로 볼 수 있는 안목의 넓이과 깊이와 밀접하게 관련되어 있다. 그래서 정도전은 봄날 가지 끝에 피어나는 새순에서 우주를 들여다 보았다고 하지 않았던가.

> 오랜 망설임
> 주저하는 더듬이 위로 문득 바람이 인다.
> 발바닥이 움찔했다.
>
> 태초의 신호
> 끊임없는 질문에 나무는 몸이 간질거렸다.
> 가지가 조금 흔들렸다.
> 땅이 꿈틀거렸다.
> 손끝이 떨려왔다.
>
> 고요한 전진
> 한 걸음 한 걸음이 떨림이다.
> 꿈의 이륙이다.
>
> ―「달팽이 길」 전문

이 시 또한 더듬이를 세운 시의 촉수로 재발견한 고요한 일상이다. 바람은 세상의 모든 존재의 살아있음을 확인시켜주는 매개이면서 관계의 대명사다. 한 올 바람의 움직임에서 세상의 존재들이 한결같이 서로 보이지 않은 관계성으로 이어져 있다는 것, 즉 나뭇가지의 흔들림도 땅의 꿈틀거림도 손끝이 떨리는 시인도 무관하지 않음을 인지해낸다.

 그런가 하면 달팽이의 고요한 전진을 통해 꿈을 향한 태초의 신호를 감지해내는가 하면 삶의 길의 원형성까지 더듬어낸다. 인연에 대한 자각이면서 인연의 잔잔한 깨달음에 의한 사고의 확장이다. 뿐만 아니라, 시창작의 인문학은 거창한 이야기가 아니라 사람과 사람의 관계를 풀어내는, 사람에 대한 기본적인 이해를 고민하면서 우리 삶을 더 가치있게, 아름답게, 의미있게, 인간답게 풀어내는 삶의 문제다. 시 창작도 마찬가지다

 전깃줄을 방해한 나무가 잘려나가는 것을 본다.
 돼지들은 날 때부터 꼬리가 잘린다지.

 그늘을 이해 못하는 혀끝에
 예고 없이 잘려나간 말들처럼 꿈은 그쪽에 있었다.

남아 있을 거야, 향기
살아나고자 할 때마다 부정당한 것들의 교신으로
여름은 내내 비릿하다.

그런 건 애초부터 없었는지 몰라
존재를 거세당한 영혼은 바람이 지나간 후에도
혼자 흔들리곤 한다.

왜, 어떤 것들은 악착같이 내 것이 되려 하는지
흉진 자리 긁으며 잘린 기억은 향기부터 지워간다.
　　　　　　　　－「잘린 기억이 향기를 지운다」 전문

　언젠가 그런 적이 있다. 다가올 봄을 앞두고 벚나무를 마구 전정하는 것을 보면서 벚나무의 봄을 생각 없이 빼앗아버리는 지각없는 사람들의 행동을 탓한 적이 있다. 그때를 생각하면 '잘린 기억이 향기를 지운다'라는 말의 현장성이라 할 수 있겠다. 가지가 잘려 나가도 향기를 기억하는 나무는 '부정당한 것'들의 잔영으로 여름 내내 비릿할 것 같고, 존재를 거세당한 영혼은 바람이 지나간 후에도 '혼자 흔들릴 것' 같고, '흉진 자리가 가려울 때마다 향기부터 지우려 할 것'이 분명하다. 이 시도 이런 상황에서 쓰였을 것이다.

시인은 가로수의 전정을 지켜보면서 삶의 아픈 자리를 떠올렸고 그 아픈 자리마다 웅크려있는 흔적을 지우려는 보편적 가치를 생각했을 것이다. 일상에서 만난 풍경에서 자연스럽게 발현된 사고의 확장이다. 시 창작은 세상을 새롭게 만나고 대상과 현상의 새로운 모습, 새로운 풍경을 발견하는 일이다. 그런데 새로운 것은 생전 듣도 보도 못한 것이 아니라, 알고 보면 그전에 보아 왔던 것들인데 조금 다르게 느끼고 다른 모습을 발견하는 일이다. 우리가 말하는 '생각'이란 것도 알고 보면 어딘가 본 것을 머릿속에서 다시 한번 상기시키는 것이기에 시창작도 대상을 다르게 보고 다르게 생각하는 것이다. 어떻게 다르게 볼 것인가 하는 문제는 관점의 문제다. 어떻게 보면 세상은 새로운 것은 없고 새로운 관점만 있을 뿐이다. 창조적인 사람은 늘 보아오든 풍경, 대상을 똑같이 보지 않는 사람이다.

햇살 그리워 팔 들어 늘여보고
손 내밀어 넓게 펼쳐도 보고

기어이 닮아 우듬지부터 붉어가는데,

뉘 향한 그리움이라서 자르고 잘라도

정수리부터 무장무장 물들어 가는가.
- 「가을 물들다」 전문

 가을이 되면 나무들이 물들어가는 것도 그냥 되는 것이 아니라, 치열하게 산 나무들의 과정이 있기 때문이다. 햇살 그리워 몸부림치다 보면 끝내 기어이 닳아 우듬지부터 붉어지는 것임을 깨닫고, 누군가를 향한 그리움 때문에 정수리부터 무장무장 물들어가는 삶의 보편성으로 유추된다.
 시는 시인이 처한 삶의 성찰이다. 그래서 시 창작은 인문학의 중심에 있다. 왜냐하면 인문학은 나란히 함께 가는 삶을 추구하는 학문이고, 시 역시 독자의 공감으로 완성되기 때문이다. 인문학과 시는 둘 다 어떻게 하면 사람을 사랑할 수 있을 것인가를 고민하면서 사람에 대해 알아가기 때문이다.
 시 창작은 자라는 어른들의 지적인 수다이며 착한 스캔들이다. 그러기 위해서는 소통이 중요하다. 꽃과 대화하고 나무와 대화하고 바람과 대화하면서 새로운 꽃, 새로운 나무, 새로운 바람을 만날 수 있어야 한다. 그러기 위해서는 꽃의 언어를 들을 수 있고, 나무의 언어를 들을 수 있고 바람의 언어, 강의 언어, 여자의 언어, 남자의 언어를 이해할 수 있을 때 진정한 소통이 가능해진다.

진정한 소통은 언어를 이해하는 일부터 시작된다. 원래 말슴(말씀, 화기애애할)은 辛(매울 신)과 口(입 구)의 합성어로 만들어진 글자다. 그래서 말을 잘하면 화기애애하고 말을 잘 못하면 매운맛을 보게 된다는 뜻이다.

 문학은 말을 다루는 예술이다. 말이 재미있으려면 서로 주고받는 대화여야 하고 혼자서 독백처럼 말하면 재미가 없다. 그런데 어떻게 하면 나무이야기, 꽃이야기, 물이야기를 들을 수 있을까? 오래오래 그 앞에 쪼그려 앉으라고, 그냥 지나치지 마라고, 관심을 갖고 기다리면 문득 한순간에 나무와 꽃과 바람의 이야기가 들려온다. 그것은 어느 순간에 소크라테스의 입을 통해 들려주고 어느 때는 공자의 입을 통해, 장자의 입을 통해 들려준다. 어린왕자가 들려주고, 니체가 들려주고, 헤밍웨이가 들려준다.

    볼펜이 달린다.
    꼬물꼬물 검은 발자국이 줄 맞추어 간다.
    열여덟 언니야,
    선착장을 때리는 겨울파도를 싣고 달린다.
    촛불처럼 일렁이는 뽀얀 눈물로 달린다.
    그리운 화야,
    그르니에의 보로메는 왜 늘 그곳에만 있었을까.

카바피의 이타카에는 왜 늘 내일 도착해야 할까.
헤매느라 뭉쳐진 발자국에서 꽃은 피어나고,
멈춰 서 두 줄 박박 긁던 자리에서
나무가 자라고 산맥이 뻗는다.
사랑과 슬픔은 한 몸이라 눈물은 빛나고,
물기 가득한 아침 풍경이 우리가 어디서 왔는지 말한다.
바람에 뒹구는 낙엽처럼 뜨겁게 살다간 이는 가볍다.
씨앗 품은 겨울비가 한두 방울 내리고
볼펜이 눕는다.
씨앗처럼 적막 속으로 든다.
-「볼펜이 달린다」 전문

  위 시 「볼펜이 달린다」는 읽다보면 '상상력이 달린다'로 읽힌다. 시인은 지금 자유연상에 의해 상상의 나래를 편다. 선착장을 때리는 겨울파도를 싣고 달리고, 촛불처럼 일렁이는 뽀얀 눈물로 달리고, 나무가 자라고 산맥이 뻗는다. 사랑과 슬픔의 병치를 생각하고 존재와 부재의 가치관을 따지고 낙엽처럼 뜨겁게 살다 간 사람을 만난다. 씨앗 품은 겨울비가 내리면 씨앗처럼 적막 속에 든다. 그리고는 눕는다. 호흡 빠르게 전개되는 자유연상에 의한 상상력의 확장이다. 언젠가 너를 읽은 적이 있는 '낯선 독서'다. 사람들 틈새에서 만개한 너를 읽었고, 펜으로 밑줄 긋고 눌러댄 셔터 몇 컷으로 불쑥 아는 체했다. 세상은 보는 그것만으로 전부가 아니라는 것, 가만히 보면 다시 읽을 때마다 낯설게 다가오는 너를 읽는 것이다. 가끔은 몽타쥬 기법 즉, 따로 촬영된 화면을 편집을 통해 새로운 장면이나 내용을 만드는 편집기법이 사용되기도 한다.

  창작의 원리다. '생각한다'는 개념은 정확하게 말하면 없는 것을 생각하는 것이 아니라, 어디선가 본 적이 있던 것을 머릿속에 다시 한번 떠올리는 것이다. 즉, 있는 것들에 대한 재발견이고 낯설게 보는 방식이다. 그래서 세상의 지식은 다 편집된 결과라 했다.

  빗소리가 너와 함께한 풍경을 싣고 간다.

  화선지 같은 접시꽃잎에 바람이 그리고 간 풍경
  차창에 따라오는 너의 생각 방울방울 맺혔다.

  또르르 흘러내리는 어제의 어제들,

  산마루 물안개 깊어질수록
  톡 토독 톡 토도독 빗소리 세차게 내린다.

  비 오는 날 그리움이 밀려오는 건

너와 함께한 어제가 흘러가기 때문이다.

너와 함께한 내가 흘러가기 때문이다.
―「그리움」 전문

비 내리는 날 빗소리가 세상의 풍경을 싣고 흐른다. 빗소리와 그리움의 추억이 '흐른다'는 매개어를 통해 시상이 출발한다. 유추가 가능한 매개어를 중심으로 어제의 어제들이 흘러내린다. 비 오는 날에 그리움이 밀려오는 것도 너와 함께한 어제가 흘러가기 때문이라고 상상력이 확장된다. 그런가 하면 '어제를 떠난 내가 떠나간 어제를 묻는 일은 나무를 떠난 꽃이나 낙엽을 묻는 일처럼 무의미하다고(「빗소리는 더디게 온다」) 생각한다.

상상력의 확장은 '낯익다'와 '낯설다'의 이중구조에서 출발하고, '낯익다'와 '낯설다' 그 사이가 시적 긴장이다. 그 사이가 멀면 멀수록 긴장력도 높아진다. 시적 상황은 특별한 것이 아니고 일상 속에서 늘 만나는 사소한 일들이다. 늘 강조했듯이 우리가 살아가면서 만나는 모든 현상과 대상이 곧 시적 상황이다. 수사법은 그 상황에 가장 알맞은 말을 찾는 일이면서 그 중에서 '낯설다와 낯익다'의 거리가 먼 말을 찾아 의미를 확장하는 일이다.

미선 시인은 잔잔한 깨달음의 서정이 압권이다. 이런 서정은 겨우내 서성이던 발자국 연분홍 꽃잎으로 걸렸다/그대에게 보내는 마음도 저기 어디쯤 팔랑이겠다(「벚꽃연서」), 꽃 핀다/아름다운 그대 만나야지/만나 꽃 피워야지(「봄날에는 만나야지」), 밀고 당기는 팽팽한 현의 대화 / 오늘도 가만가만 너를 듣는다.(「현악 4중주」)에서도 발견할 수 있다.

문이 닫혀 있어도 바람을 느낀다.
흔들림이란, 무언가 정리되고 있다는 것.

놓았던 펜을 들고 다시 글씨를 쓸 때
미세하게 바뀌어 있는 필체처럼,
방 한켠에 쌓아 두다 이 년만에 내어놓는 책들처럼.

조심스레 놓았다가 화들짝 잡았다가
그렇게 조금씩 눈치채지 못할 정도로 어긋난 채 쌓여가다
와르르 무너지며 마침내 내어놓는 날.

당신은 마음 한쪽에 나를 쌓아 두고
얼마나 흔들렸던 걸까.

〉

빈 책장에 너의 바람이 앉았다 간다.
―「너의 바람이 불어」 전문

노래로 만들어져 불린다면 많은 사람의 공감을 얻게 될 것 같은 시다. '문이 닫혀 있어도 바람을 느낀다', 첫구에서 마지막 구절인 '빈 책장에 너의 바람이 앉았다 간다'로 이미 한편의 완결된 시가 된다. '당신은 마음 한쪽에 나를 쌓아두고/얼마나 흔들렸던 걸까'처럼 시인의 상황적 감성에 공감하게 된다. 누구나 한 번쯤 경험하였거나 생각해봤을 상황을 감성적으로 풀어낸, 그리고 내 이야기이면서도 너의 이야기가 되는 시적 인식에 동의하게 되는 더 친절한 시를 위한 장치가 된다. 이처럼 우리가 일상이라고 부르는 사소한 것들에서 발견해내는 서정의 힘이 결 좋은 시가 된다는 점이다. 세상의 모든 시의 본질은 서정이다. 시적 인식의 힘 또한 삶의 깊이와 넓이를 새롭게 보듬어내는 서정이다.

단풍 여린 잎 기둥 삼아 허공의 집을 지은 거미 한 마리,
까만 두 눈에 광을 낸 한밤의 염탐자를 살핀다.

가로등 불빛을 가르는 팽팽한 긴장감,
스치는 바람에도 출렁이는 마음처럼 헐렁한 그물,

아, 비는 기어이 내리려 하는데.

　　　　　　　　　　　－「비는 내리려는데」 전문

　일상을 잘 살피는 것만으로도 한 편의 시가 될 수 있다는 것을 보여준다. 허공에 집을 지은 한 마리 거미가 시인의 눈에 포착되었고, 까만 두 눈에 광을 낸 한밤의 염탐자로 다가왔고, 씨줄과 날줄의 팽팽한 긴장감이 감도는데 아뿔사 기어이 비가 내리려는 순간의 순간적 상황을 시적 상황으로 자연스럽게 앉혀놓았다.

　잘 들여다보면 우리 주위에 있는 모든 풍경이 다 시이기에 시는 쓰지 말고 주워라고 주문한다. 시는 일상의 관찰이고 관심이기 때문이다. 시적 상황은 거창한 이야기가 아니라 우리 주위에 흔히 있던 일이고 흔하게 들었던 것들이다. 우리 주변에 일어나는 일상이고 건강한 웃음이고 풀, 나무, 바람, 꽃, 새들에 대한 관심이다. 관심이 있으면 시가 보인다. 그래서 시 쓰기는 일상의 스케치이고 나무와 풀과 바람, 꽃, 새들이 들려준 이야기를 그대로 받아 적은 것, 자연이 전해 주는 삶의 메시지를 대신 전하는 것에 불과하다.

　꽃핀다.

아름다운 그대 만나야지.

맑은 냇물에 마음을 닦고 복사꽃물 볼 터치한 접시에
음식을 내어야지.

햇살로 가지런히 머리를 감고 새소리도 한가득
투명한 잔에 담아야지.

겨우내 바람 고인 자리마다 등을 내어 걸고
흐드러지는 봄꽃처럼 웃어야지.

만나야지.
만나 꽃 피워야지.

―「봄날에는 만나야지」

  봄날의 이미지를 이렇게 쉽게 풀어쓰기도 쉽지 않을 것이리라. 그냥 시인의 주관을 배제한 채 툭 던져놓은 '꽃핀다/아름다운 그대 만나야지' 첫마디가 압권이다. 봄을 맞는 시인의 정성스런 마음을 보면 얼마나 소중한 봄인지 알 수 있다. 물론 봄은 계절이면서 희망이고 꿈이고 꼭 만나야 할 대상으로 자리한다. 그러면서 '만나야지/만나 꽃 피워야지' 수미쌍관의 의미구조가 특별하지 않으면서 특별한 의미로 거듭나게 한다. 우리가 늘 만나는 일상의 새로운 모습, 새로운 이야기인 셈이다. 시적 상상력 속에는 이처럼 우리 삶의 따뜻한 시선이 머물러 있고, 그 속에 삶의 아름다운 메시지가 담겨 있다. 일상적 삶의 모습, 누구나 한 번쯤 보았을 광경에 새로운 상상력을 입히는 작업도 거창한 것이 아님을 알게 된다.

> 아버지 나무판에 대패질 하신다.
> 이리 돌려보고 저리 돌려보고
> 마알간 햇살의 눈빛으로 밀고,
> 멀리 놓았다가 바싹 당겼다가
> 다이달로스의 눈빛으로 당기고,
> 올려 보았다 내려 보았다
> 물결을 지나온 새의 날개짓에 밀고,
> 문질러 보았다 쓸어 보았다
> 숲을 통과한 바람의 몸짓에 당기고.
>
> 아버지는
> 햇살 바람결 물결을 다듬으신다.
> 한 편의 마알간 시를 쓰신다.
>
> ―「아버지의 시」

아버지의 대패질을 관찰하면서 잔잔한 정서적 화법으로

아버지의 삶을 보듬어낸다. 나무를 이리저리 돌려보면서 햇살의 눈빛으로, 다이달로스의 눈빛으로, 새의 날갯짓으로, 바람의 몸짓으로 당기고 다듬는 아버지의 대패질을 읽는다. 나무의 결을 따라 나무의 삶을 읽고 나무의 일생을 읽어내는 아버지가 진정한 시인이다. 이처럼 순간 포착된 풍경 속에 안겨 있는 또 다른 풍경을 발견하고 이를 공감화법으로 풀어가는 친숙한 언어적 통섭이 미선 시인의 시적 특징이다.

그래서 그의 시의 어법은 자연스럽다. 일상적인 평범한 화법으로 보이지 않는 풍경까지 보여주면서 세상의 존재를 새롭게 발견하고, 잠자는 세상의 감성을 깨워 우리에게 전한다. 어떻게 하면 이쪽을 통해 건너편을 잘 바라볼 것인가를 고민하면서, 마음속에 있는 생각을 어떻게 다른 사람의 마음에 옮겨놓을 수 있을까에 대해, 어떻게 마음의 수혈은 이루어지는가를 고민한다. 그래서 내면의 눈, 내면의 귀, 내면의 코, 내면의 촉각으로 표면적인 것 배후에 숨어있는 의미를 발견하고, 눈이 아닌 마음으로 발견하고자 한다.

세상의 모든 시들이 그렇듯이 미선 시인의 시 또한 그동안 누구도 그렇게 생각해본 적이 없는 세상의 처음이고 싶다. 그래서 그녀의 시 한 편 한 편이 다 혁명이 된다. 표현에 앞서 자기 생각과 소명이 우선하고 있기 때문이다. 미선 시인의 시창작의 키워드는 이쪽에서 저쪽으로 건너가는 폭소노미다. 그래서 확신의 안에서 사유하지 않고 확신의 바깥에서 사유하고자 한다. 그것은 공간적 시간적으로 눈길과 생각이 건너가는 일이 경계를 넘어 상상력의 확장에 관계한다.

관계란 인간과 인간, 인간과 자연, 인간과 우주와 끊임없이 소통하는 일이다. 시인은 그 관계 속에 '나'라는 개체를 투영시키고, '어떤 상황의 어떤 대상'에 끊임없이 소통하면서 공감하거나 공명하면서 다른 존재(세계)와의 상호 소통하는 것으로 경계의 저쪽에 있는 것을 배척하거나 피하지 않고 가슴으로 품어 안으며 경계를 잘 건넌다.

미선 시인, 그는 인문학과 자연과학, 사회학에 자유로운 통섭統攝의 자유인이다.